"This rich, heartfelt narrative, woven together superbly with beautiful illustrations, provides a window into Daniel's quest for cultural identity and an understanding of the issues surrounding present-day migration. Thank you Green Card Voices for this transformative classroom must-have!"
— Kathy Seipp, Fourth Grade Teacher Robbinsdale, MN

"Daniel's story speaks to the reality and hardships children face living in the duality of their identity and skin. Visualized through the dreamlike artwork of sunshine gao, Daniel takes the reader through an honest journey of what life between borders, languages, and opportunities looks like for youths like himself."
—Danny Thien Le (Dandiggity), Poet, Librarian, CA

"Incorporating this in your curriculum will motivate students to write and illustrate their own stories, and normalize what it means to feel safe, to be brave and to belong."
— Angelica Torralba-Olague, EL, Social Studies & Ethnic Studies Teacher, South High School, MN

"When we in education talk about wanting to 'see' our students in the books that they read, this is what we are talking about."
— Dr. Fatima T. Lawson, Principal of Highwood Hills Elementary School, MN

"Once again Green Card Voices has managed to produce an outstanding book. It's truly a bottom-up approach versus a top-down approach to classroom materials."
— Dr. Andrea DeCapua, Educational Consultant, Author/Co-author of several books on Students with Limited or Interrupted Formal Education (SLIFE)

"...Written in both Spanish and English, this page-turning graphic novel will affirm readers' cultural and linguistic identities."
— Tamara Mouw, Director of Teaching and Learning at the Wisconsin Department of Public Instruction, WI

"This novel will provide students with a breath of fresh air that they deserve, and remind them that they are not alone!"
— Andrea Bitner, ELL Teacher, Author of *Take Me Home*, PA

By buying this book, you are directly supporting the mission of Green Card Voices.

Hardcover ISBN 13: 978-1-949523-20-1
Ebook ISBN 13: 978-1-949523-23-2
LCCN: 2018932723

Printed in the United States of America
First Printing: 2022
20   19   18   17   16   5   4   3   2   1

Illustration by sunshine gao
Design by Shiney Chi-la Her
Translation by Ingrid Charleston

Green Card Voices
2611 1st Avenue South
Minneapolis, MN 55408
www.greencardvoices.org

Consortium Book Sales & Distribution
34 Thirteenth Avenue NE, Suite 101
Minneapolis, MN 55413-1007
www.cbsd.com

OUR STORIES CARRIED US HERE: BELONGING IN AMERICA AND MEXICO

Daniel Zúñiga González

STORYTELLER

sunshine gao

ILLUSTRATOR

DANIEL ZÚÑIGA GONZÁLEZ

Current: Minneapolis, Minnesota

Daniel was born in Minneapolis, Minnesota and was raised in the United States and Mexico. He studies at Edison High School in Minneapolis and will proudly graduate in June, 2022. Daniel is happy his story is presented in both English and Spanish because he will be able to send it to his mother in Mexico for her to read. Daniel looks forward to a prosperous future as an entrepreneur in both of his home countries.

SUNSHINE GAO

Born: China
Current: Minneapolis, Minnesota

sunshine gao was born in China and raised in Indiana and Kentucky. Once, they studied moral philosophy and ecology; cooked noodles; and sold produce. Now, they draw stories about home—in all its forms, with all its complications. In spite of everything, they believe the world can be made a beautiful place.

www.sunshine-gao.com

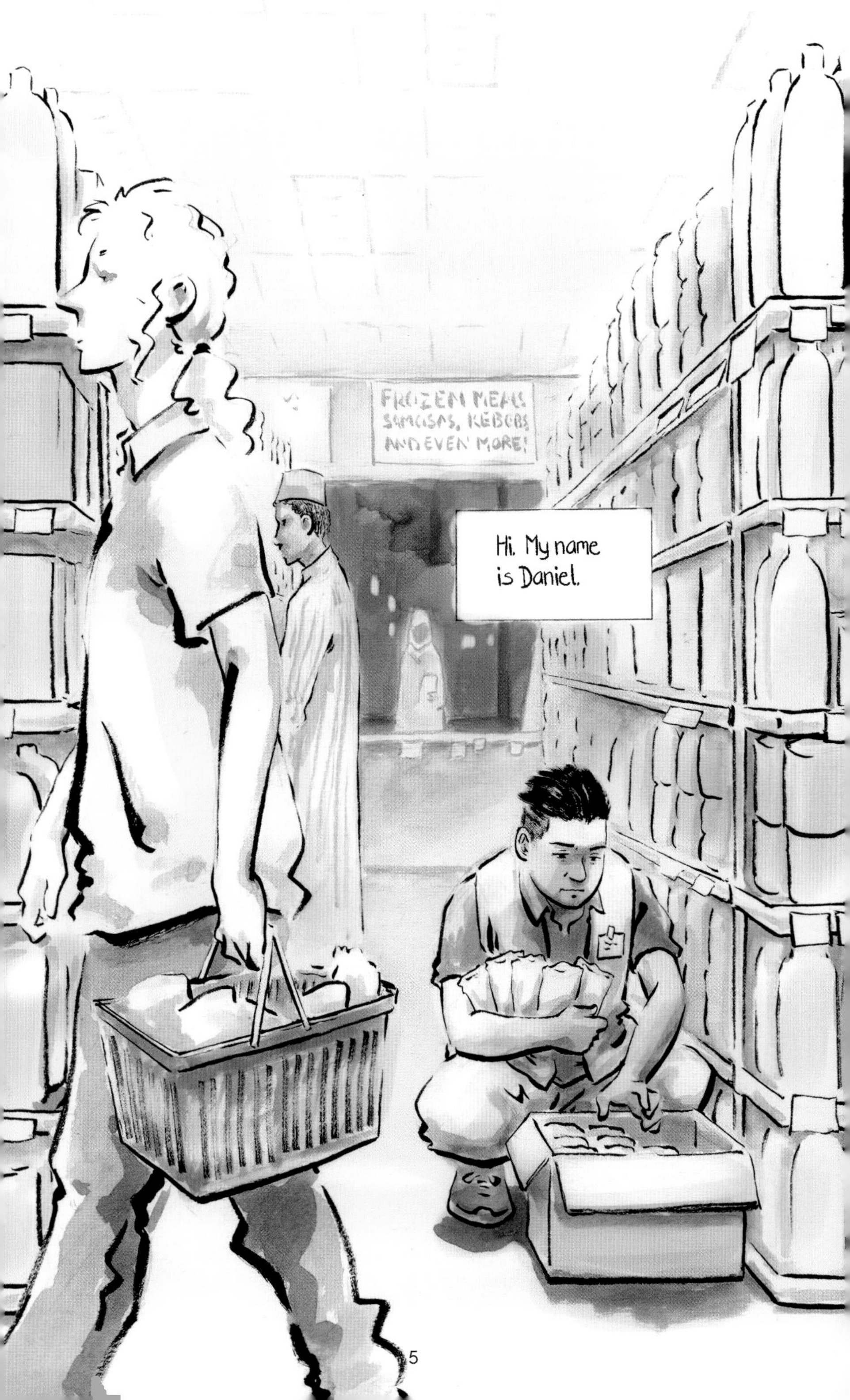
FROZEN MEALS
SAMOSAS, KEBOBS
AND EVEN MORE!
Hi. My name is Daniel.

I was actually born in Minneapolis–

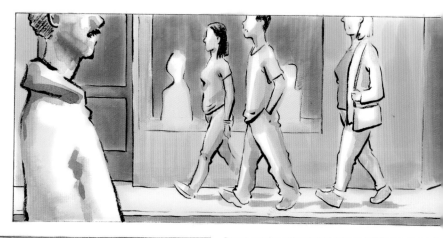

I had a normal life like any other child. I went to kindergaten, and elementary school.

But then, after nine years, my family and I left. We went back to Mexico.

-though I have, like, more Mexican blood than Minneapolis.

At first, it was easy. We didn't have work or school.

My mom and dad had some savings.

But everyday, we watch people work - go to the fields and work from sunrise to sunset.

It's kind of sad, because there's many poor people. But village people come to the US to work and send money back to build big houses in Mexico.

There's many big houses there.

You know, everybody thinks Mexicans just look like mariachis.

But we dress the same as anybody.
T-shirts, pants, sandals...

Except, Mexicans like to wear hats. That's all.

I bought one too! It's cool!

People only speak Spanish in Mexico. Almost no one speaks English.

Eventually, we went to school. I was the only one who knows English in the whole school.

Things were different, and a bit confusing.

[Help me with English!]

9

A typical school day was waking up at 6:00 am, and then walking 10 minutes from my house to the school.

School in Mexico is totally different in the way they teach, way they talk. In Mexico, there is almost nothing, like...

We all have to learn only the basic things. And if anyone wants to go and just play around, the teacher lets them.

I didn't really have a lot of friends in Mexico. When someone is new to the village from the US, they don't take him seriously.

They always think if that person is going to be some kind of traitor.

I only had like, four friends. It was not, it was not easy.

Now that I am in the United States, they are calling me.

They say,

Why have you forgotten us? Send us some money.

But like, yeah, they're really just traitors.

And then, while I was in school, we started to work in Mexico.

First, we sold DVD's in village plazas. I was the oldest kid, so I went to sell with my dad.

We would drive to different villages in the area, to sell to different people.

We would hang the DVD's on ropes, and then advertise them with a speaker.

...

Then we started selling little statues of savings, like piggy banks.

That business lasted like two years. That was really good.

After that, after a lot of hard work, my dad took his car and went into the taxi business. He was a taxi for a good time, like two years also.

Meanwhile, I got my first job, selling popsicles in the street.

I was eleven.

Like many other kids, I worked for local popsicle businessman. He would hire lots of us kids to sell his popsicles—

At first, I sold them with just a box and a sign...

...then with an ice cart that

We all know Mexico is one of the hottest places in the world, so that's why I've got some burnt skin.

I kept like 40% of the sales I made. The businessman took the rest.

At first I gave my money to my family, but then I got to keep it and spend on myself.

-so I spent like three years selling those popsicles on the street,

I would push around...

...and then with a Nestle ice cream tricycle, with an umbrella.

Then my mom had my little sister. We were very happy.

But then my mom and my dad had some problems.

My parents separated. My siblings and I moved away with my mom.

Then, we started a new business of selling food.

We sold, like, quesadillas, picaritas, a lot of really good good.

Actually, all the food I ate in Mexico was really good.

As a Mexican, every day we eat tacos, tamales, mole, a lot of delicious stuff.

In Mexico, they make things by hand, not by machine.

A good tortilla is made by hand, with fresh corn.

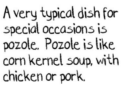

A very typical dish for special occasions is pozole. Pozole is like corn kernel soup, with chicken or pork.

You can put oregano and hot chili in it. It's really good.

There was a really good food my mom made for me, called quesito.

It's like cheese, mixed with egg and fried with a really good salsita.

One day, I can cook for y'all!

We had a really good time there. We kept on studying. Probably my dad had problems, but not us.

For my 14th birthday, my dad got me a motorcycle.

Then I started to work using my motorcycle, like delivering the food my mom sold to other places. I went to school, and I worked. It was hard. But I got used to it.

There were tough times. Like when the earthquake hit our region in 2017...

I was about to die.

18

But that was okay. The worst was...being alone.

Not having friends. Not having both parents.

Being depressed.

Life isn't like how everyone wants it to be. I had to suffer a lot, I think, in my own way.

But like, life didn't go that bad for me, so I think that was my kind of life.

The only thing I want to remember from there is all the beautiful views.

I used to go to the mountains, just to see the whole village like a picture.
A photograph picture.

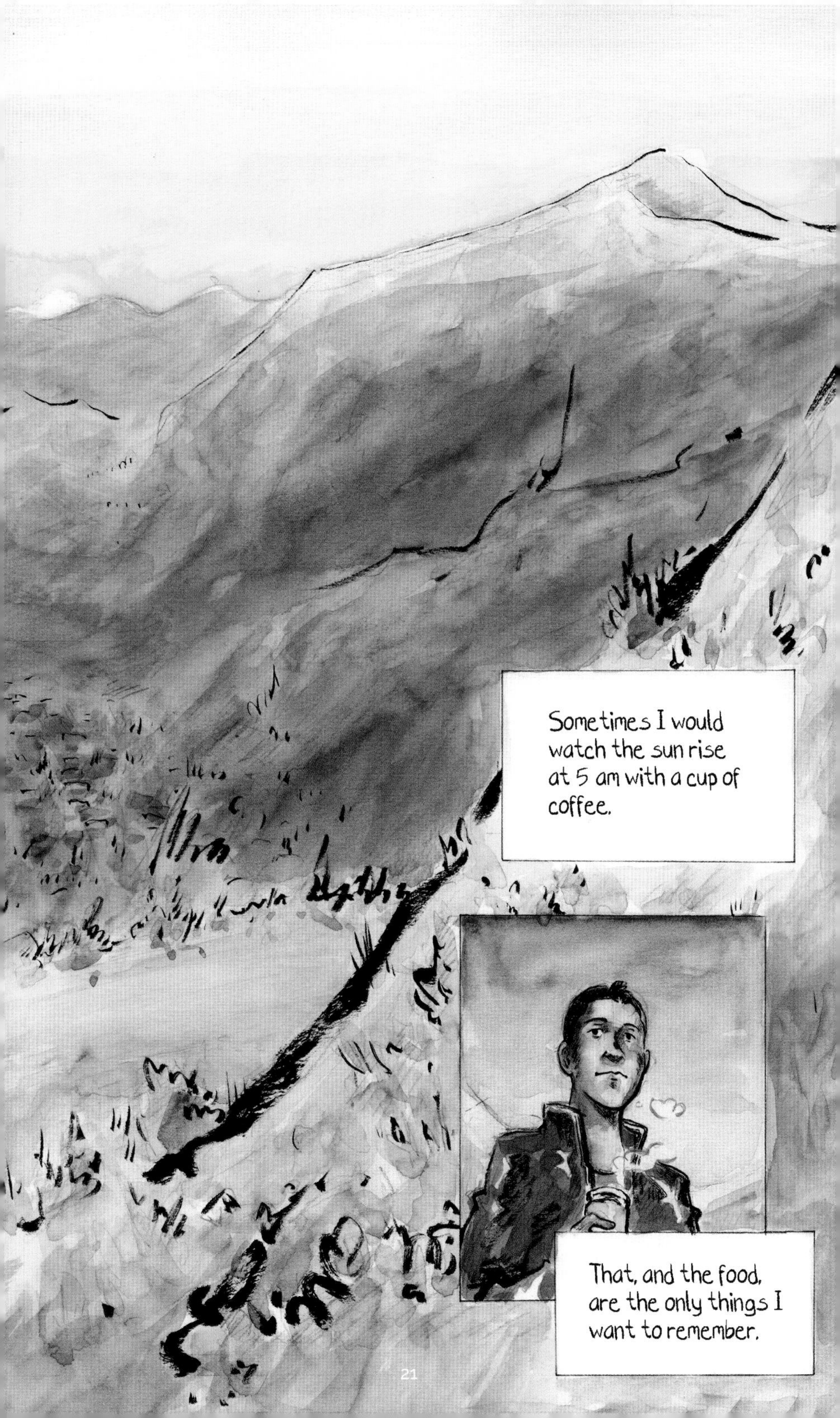
Sometimes I would watch the sun rise at 5 am with a cup of coffee.
That, and the food, are the only things I want to remember.

After that, when I was 15, my brother and I moved back to America.

We came back for school, because there is more opportunity here and the services are different.

Here in the US, people are more creative, emotional, and supportive.

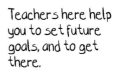
Teachers here help you to set future goals, and to get there.

Even if you don't know your goals, they support you.

My Mexican teachers were more, like, apathetic.

They didn't think it really mattered, what they were doing.

I'm still in school now. I was going to graduate, but -

- I went to visit my mom in Mexico. While I was there...

... she hurt her hip.

I stayed to help her, so now I'm making up for the school that I missed.

23

Here I've made friends again, from many different cultures and places —
Ecuador, Puerto Rico, Guatemala...

It's easier to make
friends here,
whether I'm at work
or at school.

People's attitude is
kinda different here.

My friends and I like to
hang out and make music
together.

One day, I'd
like to make my
own movie too.

Mostly though, I spent time with my family.

I like to play soccer with my brother, and to go biking.

I like to go to tall places, where I can see the city.

I'm working again too, at a Middle Eastern grocery store.

It's a lot easier, working in a place with air conditioning!

I'm going to school and then going to work, almost every day, from morning to night.

Yeah, it's busy.

But I got used to it.

One day, maybe I'll go to college.

Right now, I'm focused on finding better work.

Maybe I'll be a firefighter.

Or maybe I'll open a family food truck -

I like how they help people in emergencies.

- so we don't rely on someone else for a paycheck.

Just, either way, I've got to make money. To invest in Mexico. To help out the family.

My mom and my little sister are still in Mexico.

I wanna bring them over here, to America –

– so I gotta do my best.

DISCUSSION QUESTIONS

UNDERSTAND THE STORY...

Thinking Within
1. Where was Daniel born? What is his heritage?
2. How old was Daniel when he moved back to Mexico?
3. Describe the jobs Daniel has had.
4. What did Daniel's father give him for his 14th birthday? What did he use it for?

Thinking Beyond
1. What is a traitor? Why do the students at Daniel's school in Mexico think he's a traitor? Why does Daniel consider them to be traitors?
2. What is Daniel's attitude about family? Give examples that support your answer.
3. What do you think will happen next in Daniel's life? Why do you think that?

Thinking About
1. Think about the title. What does it mean to belong?
2. Is Daniel admirable? Why or why not?

...STITCH TO YOURS.

1. Describe your favorite home cooked food.
2. Describe a time when you felt like you belonged. What made you feel that way?
3. Describe a time when you felt like you did not belong. What made you feel that way?

Learn more about *Story Stitch* at www.storystitch.org

IMPORTANT CONCEPTS

Family Reunification
As part of the Immigration and Nationality Act of 1965, family reunification is the primary pathway for immigration to the United States. Under the law, a US citizen, Green Card holder or refugee admitted within the last two years can petition for family members to join them in the United States. US citizens can petition for spouses and children, and if over 21 years old, can petition for parents and siblings. Green Card holders and refugees can petition for spouses and children only. Family Reunification is often referred to negatively as Chain Migration.

Return Migration
Often also called Reverse Migration, Return Migration occurs when a person who has migrated to the United States returns to his or her country of origin. The return can be either voluntary or involuntary. From 2009 to 2014, more than 1 million Mexicans and their families, including US-born children, returned to Mexico. This is approximately 130,000 more than those who came to the US during the same time period. The majority of the returns were voluntary due to weak job opportunities in the US and a desire to reunify with family. This trend reversed in 2014 when more Mexicans came to the US than left, however, at a far lower number than before 2009.

Remittances
When a migrant sends money back home, it is called a remittance. Worldwide, approximately 1 in 9 people receive a remittance from a family member who has migrated for work. On average, a worker sends $200 to $300 every 1 or 2 months. The majority of remittances are used for basic necessities such as food, housing, medical expenses and school fees. Total remittances are over three times greater than international aid and contribute significantly to improving conditions worldwide, particularly in rural areas. In celebration of the impact to families and communities, the United Nations has identified June 16 as the International Day of Family Remittances.

WORDS TO KNOW

Voluntary: when something is done by choice

Involuntary: when something is forced or required without choice

Remittance: money a migrant sends back to family who have remained in their home country

Reunify: to get back together

ADDITIONAL RESOURCES

PEW Research (by Ana Gonzalez-Berrera): More Mexicans Leaving Than Coming to the U.S. (retrieved 2022):
https://www.pewresearch.org/hispanic/2015/11/19/more-mexicans-leaving-than-coming-to-the-u-s/

United Nations, Department of Economic and Social Affairs: Remittances Matter: 8 Facts You Don't know About the Money Migrants Send Back Home (retrieved 2022):
https://www.un.org/sw/desa/remittances-matter-8-facts-you-don't-know-about-money-migrants-send-back-home

THANK YOU

This book grew out of a writing project at Edison and Washburn High Schools in Minneapolis Public Schools. We thank the over 50 student content creators of teachers Tara Kennedy, Katie Murphy-Olsen, Billy Menz and Mary Dierkes, whose dedication to this project during the pandemic was much appreciated. We would also like to thank: principals Eryn Warne and Dr. Emily Palmer; student teachers Emily Olson, Heidi Page; professors Michele Benegas (Hamline University), Karla Stone (UMN), Marlese Alden (Mankato State University) and their students. This book would not be possible without our amazing Green Card Voices staff, board, and funders: Minnesota Humanities Center, the Minneapolis Foundation, the Marbrook Foundation and the many supporters of GCV nationwide.

ABOUT GREEN CARD VOICES

Founded in 2013, Green Card Voices (GCV) is a nonprofit organization that utilizes storytelling to share personal narratives of America's immigrants, establishing a better understanding between the immigrant and their communities. Our dynamic, video-based platform, book collections, traveling exhibits, podcast and *Story Stitch* circles are designed to empower individuals of various backgrounds to acquire authentic first-person perspectives about immigrants' lives, increasing the appreciation of the immigrant experience in America.

Green Card Voices was born from the idea that the broad narrative of current immigrants should be communicated in a way that is true to each immigrant's story. We seek to be a new lens for those in the immigration dialogue and build a bridge between immigrants and nonimmigrants—newcomers and the receiving community—from across the country. We do this by sharing the first hand immigration stories of foreign-born Americans, by helping others to see the "wave of immigrants" as individuals, with interesting stories of family, hard work, and cultural diversity.

To date, the Green Card Voices team has recorded the life stories of over four hundred and fifty immigrants coming from more than one hundred and thirty different countries. All immigrants that decide to share their story with GCV are asked six open-ended questions. In addition, they are asked to share personal photos of their life in their country of birth and in the US. The video narratives are edited down to five-minute videos filled with personal photographs, an intro, an outro, captions, and background music. These video stories are available on www.greencardvoices.org, and YouTube (free of charge and advertising).

Green Card Voices 612.889.7635
2611 1st Ave S. info@greencardvoices.org
Minneapolis, MN 55408 www.greencardvoices.org

"Esta narración rica y sincera, entretejida magníficamente con hermosas ilustraciones, proporciona una ventana en la búsqueda de Daniel por la identidad cultural y una comprensión de los problemas que rodean la migración actual. ¡Gracias Green Card Voices por este libro transformador que es imprescindible en todas las aulas!!"
— **Kathy Seipp, Maestra de Cuarto Grado en Robbinsdale, MN**

"La historia de Daniel habla de la realidad y las dificultades que enfrentan los niños que viven en la dualidad de su identidad y de su piel. Visualizado a través de la obra de arte onírica de Sunshine Gao, Daniel lleva al lector a través de un viaje honesto de cómo se ve la vida entre fronteras, idiomas y oportunidades para jóvenes como él".
—**Danny Thien Le (Dandiggity), poeta, bibliotecario, CA**

"Incorporar este libro en su plan de estudios motivará a los estudiantes a escribir e ilustrar sus propias historias, y normalizar lo que significa sentirse seguro, ser valiente y pertenecer".
— **Angelica Torralba-Olague, Maestra de EL y de Estudios Sociales y Étnicos en South High School, MN**

"Cuando en educación hablamos de querer 'ver' a nuestros estudiantes en los libros que leen, de esto es de lo que estamos hablando".
— **Dr. Fatima T. Lawson, Directora de Highwood Hills Elementary School, MN**

"Una vez más, Green Card Voices ha logrado producir un libro excepcional. Es realmente un planteamiento ascendente frente a un planteamiento descendente para los materiales del aula".
— **Dr. Andrea DeCapua, Consultora en Educación, autora/co-autora de de varios libros sobre Estudiantes con Educación Formal Limitada o Interrumpida (SLIFE)**

"Escrita tanto en español como en inglés, esta interesante novela gráfica afirmará las identidades culturales y lingüísticas de los lectores".
— **Tamara Mouw, Directora de Enseñanza y Aprendizaje en el Departamento de Instrucción Pública de Wisconsin, WI**

"¡Esta novela proporcionará a los estudiantes la bocanada de aire fresco que se merecen y les recordará que no están solos!"
— **Andrea Bitner, Maestra de ELL y autora de *Take Me Home*, PA**

Al comprar este libro, usted está apoyando directamente la misión de Green Card Voices.

Pasta dura ISBN 13: 978-1-949523-20-1
Libro electrónico ISBN 13: 978-1-949523-23-2
LCCN: 2018932723

Impreso en los Estados Unidos de América
Primera Impresión: 2022
20   19   18   17   16   5   4   3   2   1

Ilustración de sunshine gao
Diseño de Shiney Chi-la Her
Traducciones de Ingrid Charleston

GREEN CARD VOICES   **INGRAM.**

Consortium
Book Sales & Distribution

Green Card Voices
2611 1st Avenue South
Minneapolis, MN 55408
www.greencardvoices.org

Consortium Book Sales & Distribution
34 Thirteenth Avenue NE, Suite 101
Minneapolis, MN 55413-1007
www.cbsd.com

NUESTRAS HISTORIAS NOS LLEVARON AQUÍ: PERTENECER A AMÉRICA Y MÉXICO

Daniel Zúñiga González

NARRADOR

sunshine gao

ILUSTRADOR

DANIEL ZÚÑIGA GONZÁLEZ

Actualmente reside en Minneapolis, Minnesota

Daniel nació en Minneapolis, Minnesota y se crio en los Estados Unidos y México. Estudió en Edison High School en Minneapolis y se graduó en junio de 2022. Daniel está feliz de que su historia sea mostrada tanto en inglés como en español porque así podrá enviársela a su madre en México para que la lea. En un futuro, Daniel espera tener éxito como empresario en sus dos países de origen.

SUNSHINE GAO

**Lugar de Nacimiento: China
Actualmente radica ren:
Minneapolis, Minnesota**

sunshine gao nació en China y se crió en Indiana y Kentucky. Estudió filosofía moral y ecología; cocinó fideos y vendió productos. Ahora, dibuja historias sobre el hogar, en todas sus formas, con todas sus complicaciones. A pesar de todo, cree que el mundo puede ser un lugar hermoso.

www.sunshine-gao.com

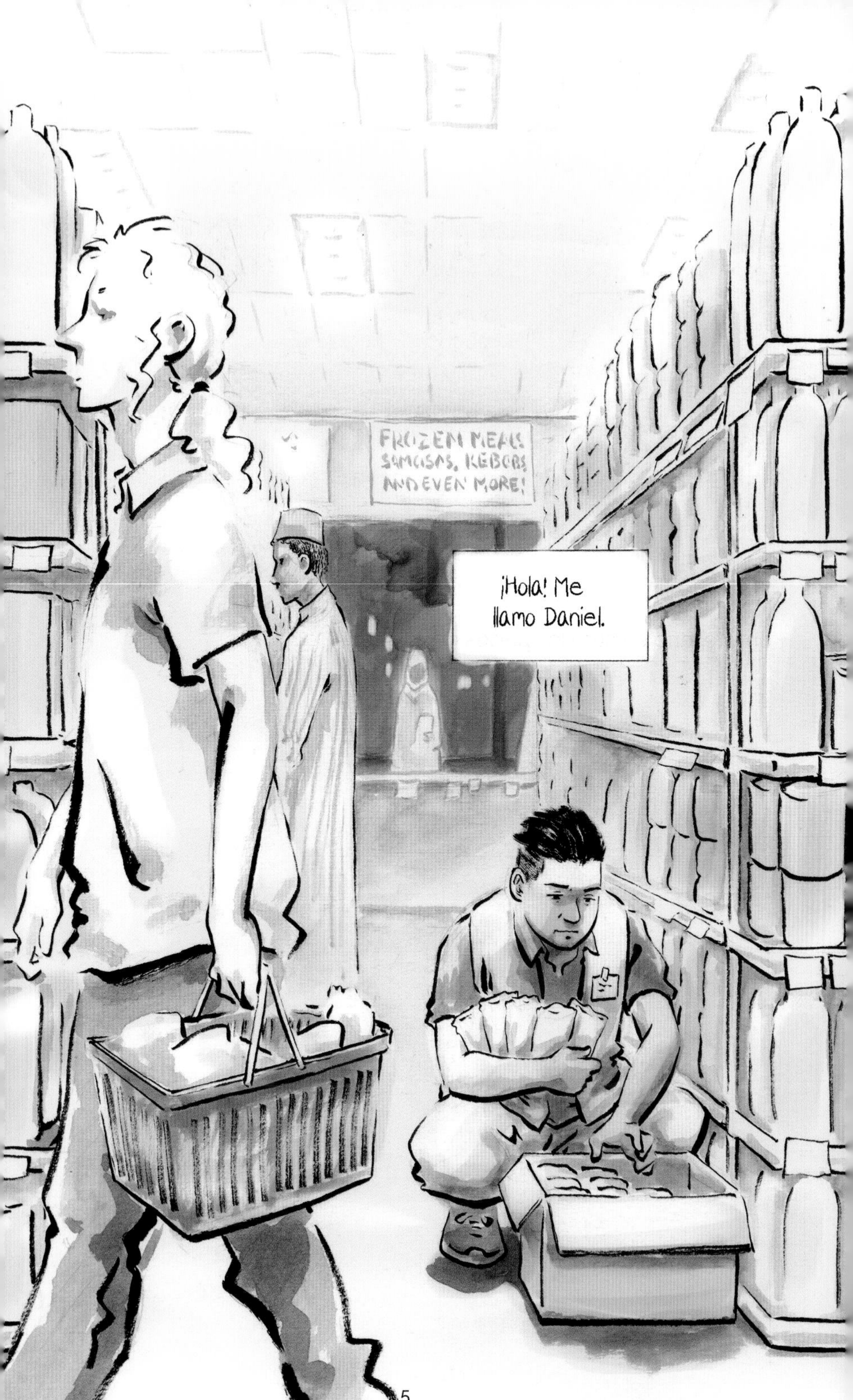
FROZEN MEALS
SAMOSAS, KEBOBS
AND EVEN MORE!
¡Hola! Me
llamo Daniel.

Nací aquí en Minneapolis...

Mi vida fue igual a la de cualquier otro niño. Fui al kínder y a la primaria y después de nueve años...

...mi familia y yo nos fuimos a México.

Al principio fue fácil porque no tuvimos que trabajar ni tampoco ir a la escuela.

Mi mamá y mi papá tenían algunos ahorros.

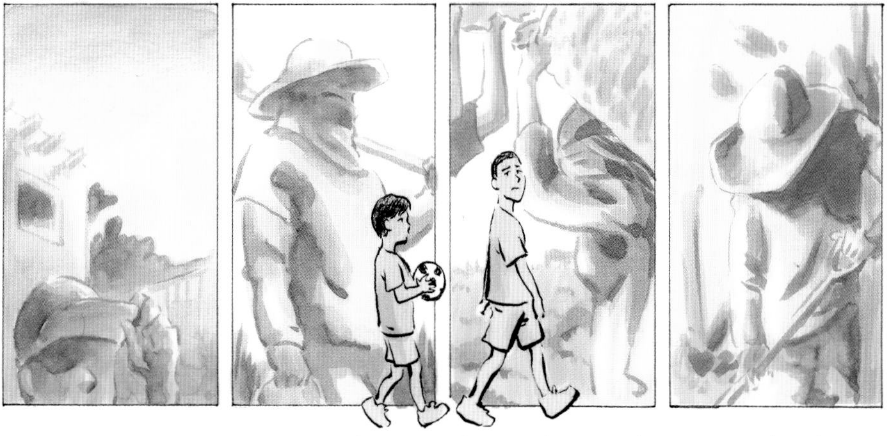

¡Todos los días, veíamos a la gente ir a trabajar a los campos desde el amanecer hasta el atardecer!

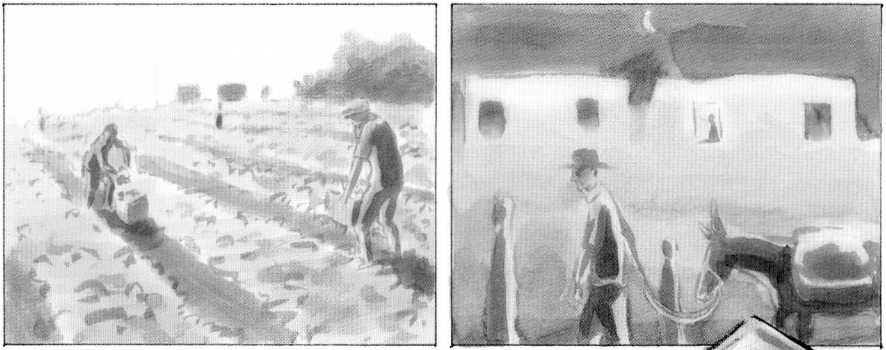

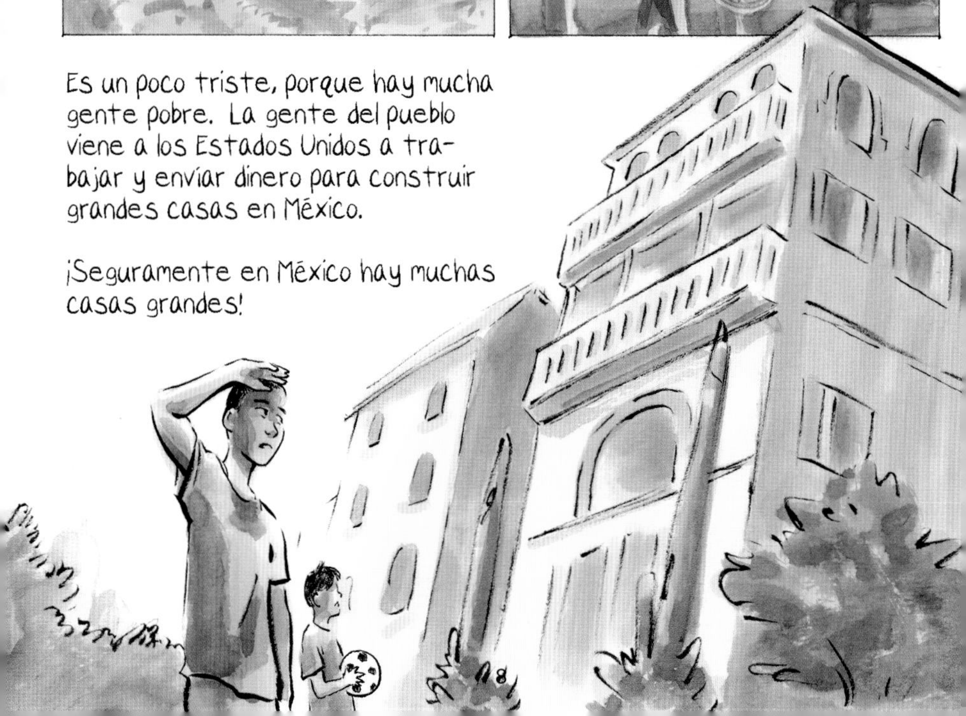

Es un poco triste, porque hay mucha gente pobre. La gente del pueblo viene a los Estados Unidos a trabajar y enviar dinero para construir grandes casas en México.

¡Seguramente en México hay muchas casas grandes!

Todo el mundo piensa que los mexicanos parecen mariachis...

...pero nos vestimos igual que cualquiera. Usamos camisetas, pantalones y sandalias...

...excepto que a los mexicanos les gusta usar sombreros.

Yo también compré uno. ¡Está padrísimo!

La gente en México sólo habla español. Casi nadie habla inglés.

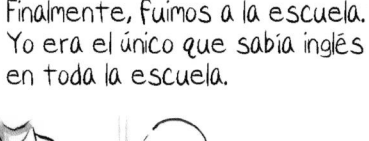

Finalmente, fuimos a la escuela. Yo era el único que sabía inglés en toda la escuela.

Las cosas eran distintas y un poco confusas.

[¡Ayúdame con inglés!]

Un día típico era despertar a las 6:00 am y luego caminar 10 minutos de mi casa a la escuela.

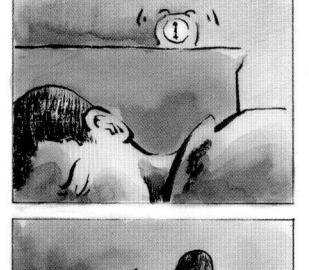

La forma en que enseñan y hablan es totalmente diferente en México. Ahí...

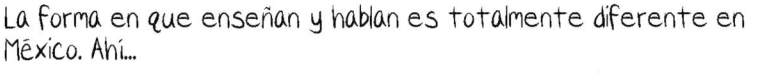

...sólo tenemos que aprender las cosas básicas. Y si alguien va a la escuela y únicamente quiere jugar, el maestro se lo permite.

Realmente no tenía muchos amigos en México. Cuando alguien es nuevo en el pueblo y viene de Estados Unidos, no lo toman en serio.

Siempre piensan que es persona puede ser traicionero.

Solo tenía cuatro amigos. No fue nada fácil.

Ahora que estoy en los Estados Unidos, me buscan.

Dicen,

¡Por qué nos has olvidado? Envíanos algo de dinero.

Pero eso si, nos llaman traicioneros.

Y luego, mientras iba a la escuela, empeza-
mos a trabajar en México.

Primero, vendimos discos DVD en las plazas del pueblo. Yo era
el hijo mayor, así que iba a vender con mi papá.

Manejábamos a dif-
erentes pueblos de
la zona, para vender
los discos a dis-
tintas personas.

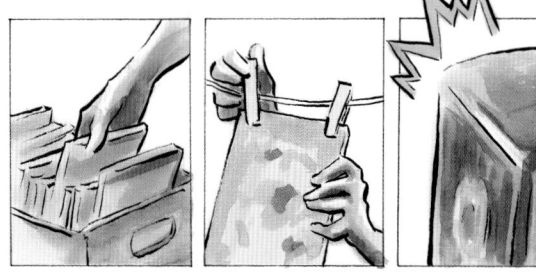

Colgábamos los discos DVD en cuerdas y
nos anunciamos con una bocina.

Luego comenzamos a vender pequeñas
alcancías.

El negocio duró como dos años. Nos fue muy bien.

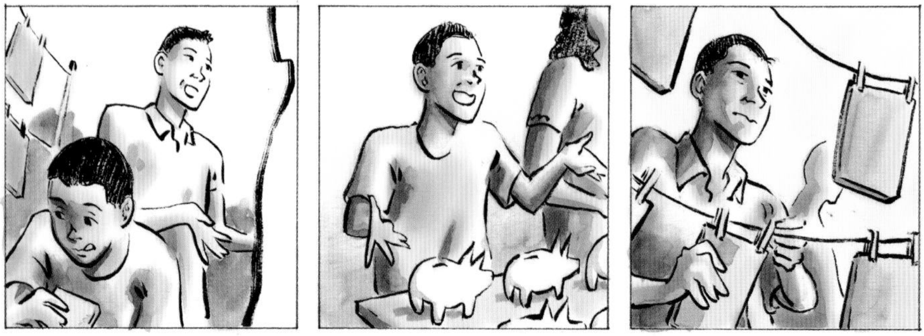

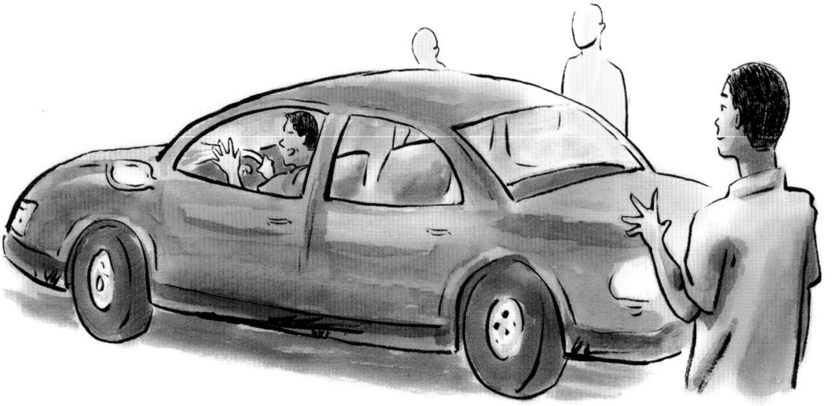

Después de eso hubo que trabajar muy duro, mi papá usó su auto y se metió en el negocio de los taxis. Fue chofer de taxi por un buen tiempo, como por dos años.

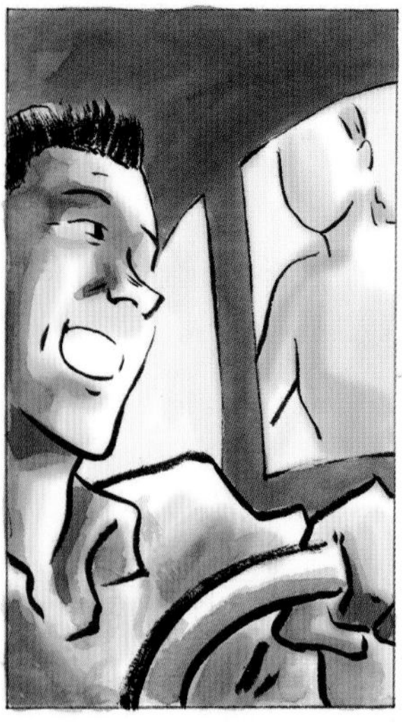

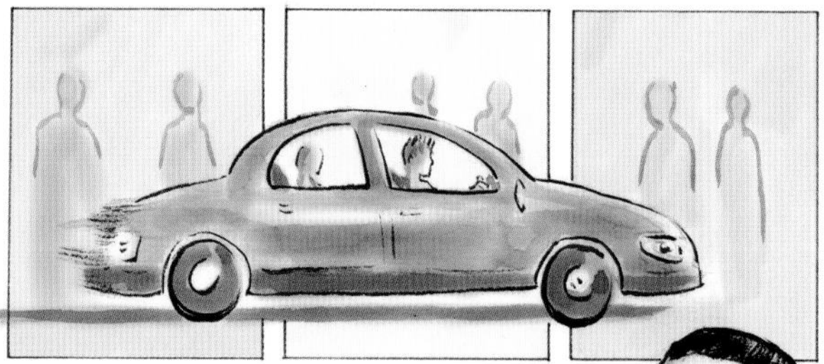

Mientras tanto, conseguí mi primer trabajo: vendiendo paletas en la calle.

Tenía once años.

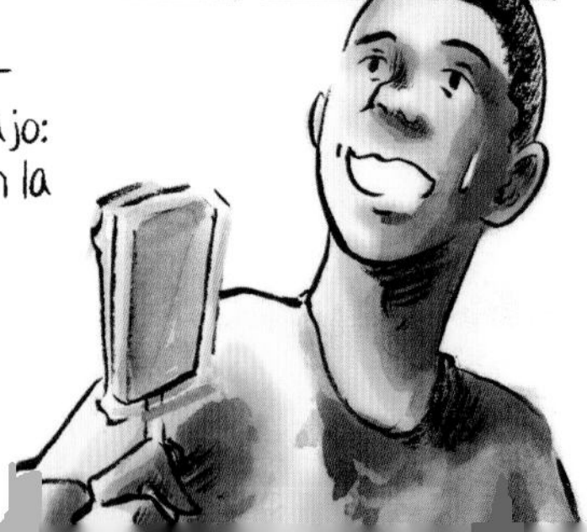

Como muchos otros niños, trabajé para un hombre de negocios local vendiendo paletas. Contrataba a muchos niños para vender sus paletas,

Al principio vendía usando una caja
y un letrero...

...luego empujaba una

Todos sabemos que
México es uno de los
lugares más calurosos del mundo, por
eso tengo la piel
quemada.

Me quedaba con el
40% de las ventas que hacía. El
dueño se quedaba
con el resto.

Al principio, le di mi
dinero a mi familia,
pero luego pude
quedármelo y
gastarlo en mí.

14

así que pasé como tres años vendiendo paletas en la calle.

un carrito por las calles,

...después, con un triciclo de helado Nestlé que tenía una sombrilla.

Entonces, mi mamá tuvo a mi hermana pequeña. Estábamos muy contentos.

Pero luego mi mamá y mi papá tuvieron algunos problemas.

Mis padres se separaron. Mis hermanos y yo nos mudamos como a una hora de distancia con mi madre.

Luego, comenzamos un nuevo negocio vendiendo alimentos.

Vendíamos quesadillas, picaritas y mucha comida realmente buena.

En realidad, toda la comida que comí en México fue realmente buena.

Como mexicano, todos los días comemos tacos, tamales, mole y muchas cosas deliciosas.

En México, hacen las cosas a mano, no a máquina.

Una buena tortilla se hace a mano, con maíz fresco.

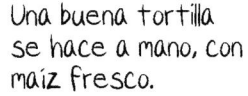

Un plato muy típico para ocasiones especiales es el pozole. El pozole es como sopa de maíz con pollo o cerdo.

Puedes ponerle orégano y chile. Es realmente rico.

Habia una comida muy buena que mi mamá hacía, llamada quesi-to.

Es queso, mezclado con huevo y es frito con una salsita real-mente buena.

Algún día puedo cocinar para todos ustedes.

Lo pasamos muy bien allí. Seguimos es-tudiando aunque posiblemente mi papá tiene problemas, pero nosotros no.

Cuándo cumplí 14 años, mi papá me
consiguió una motocicleta.

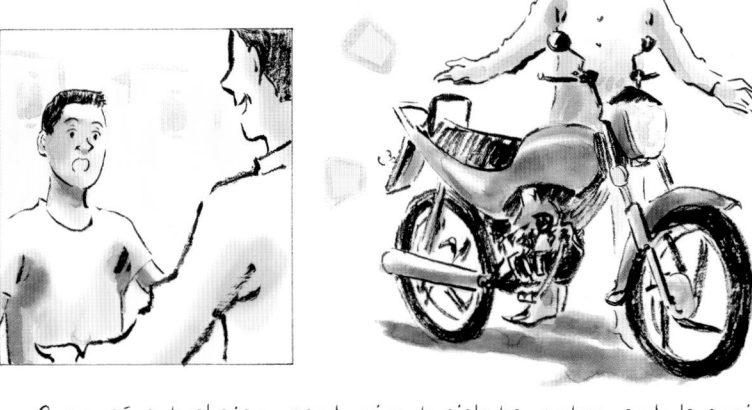

Comencé a trabajar usando mi motocicleta, entregando la comida que
mi madre vendía a otros lugares. Iba a la escuela y trabajaba. Fue
duro. Pero me acostumbré.

Hubo tiempos difíciles. Como cuando el terremoto azotó nuestra
región en 2017...

Estuve a
punto de
morir.

Pero eso estaba bien, lo peor fue... estar solo.

No tener amigos.
No tener ambos padres.

Estar deprimido.

La vida no es como todo el mundo quiere que sea.
Tuve que sufrir mucho, creo que a mi manera.

Pero la vida no fue tan mala para mí, creo que eso me tocaba vivir.

Lo único que quiero re-
cordar de allí son las
hermosas vistas.

Solía ir a las mon-
tañas, solo para ver
todo el pueblo como
una imagen.
Una fotografía.

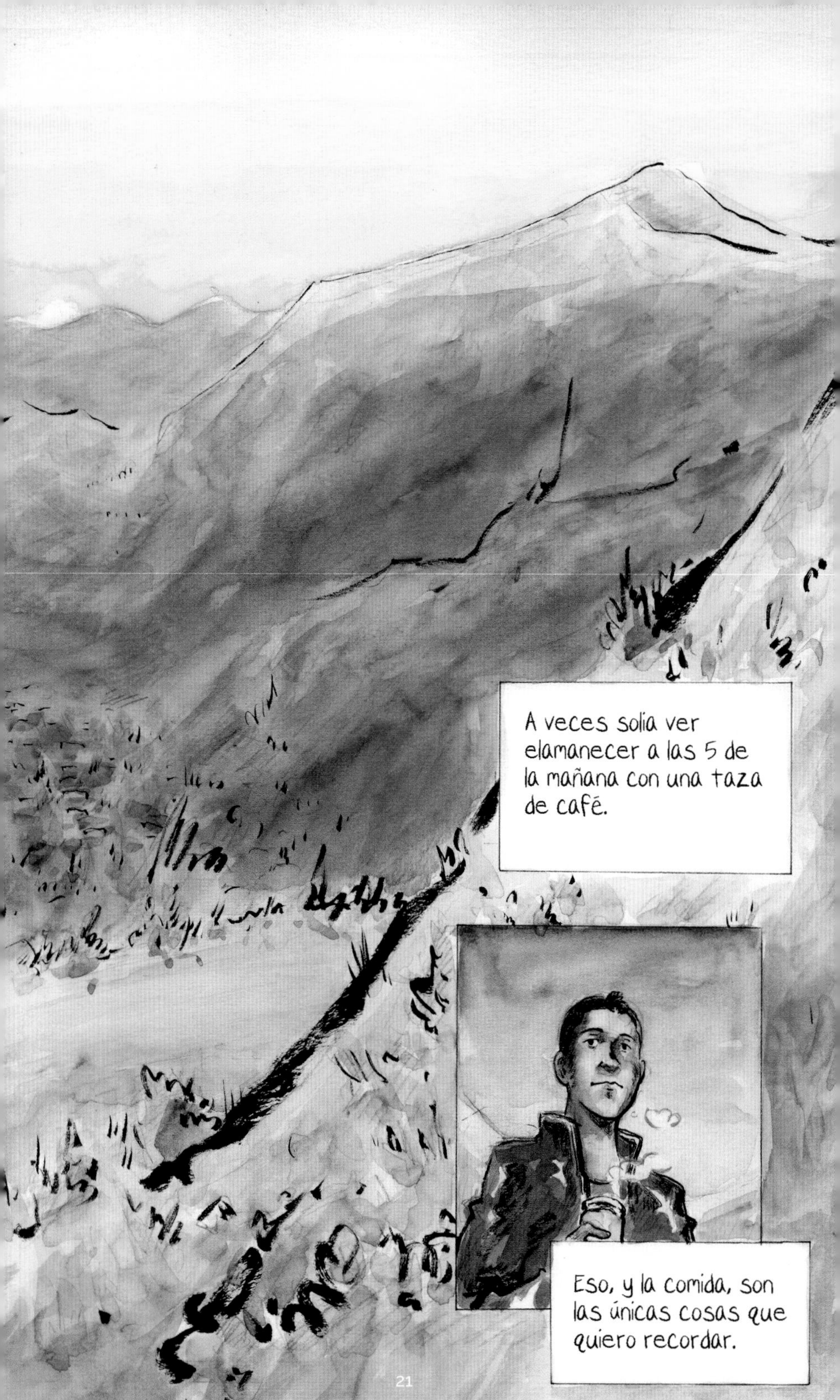
A veces solia ver elamanecer a las 5 de la mañana con una taza de café.
Eso, y la comida, son las únicas cosas que quiero recordar.

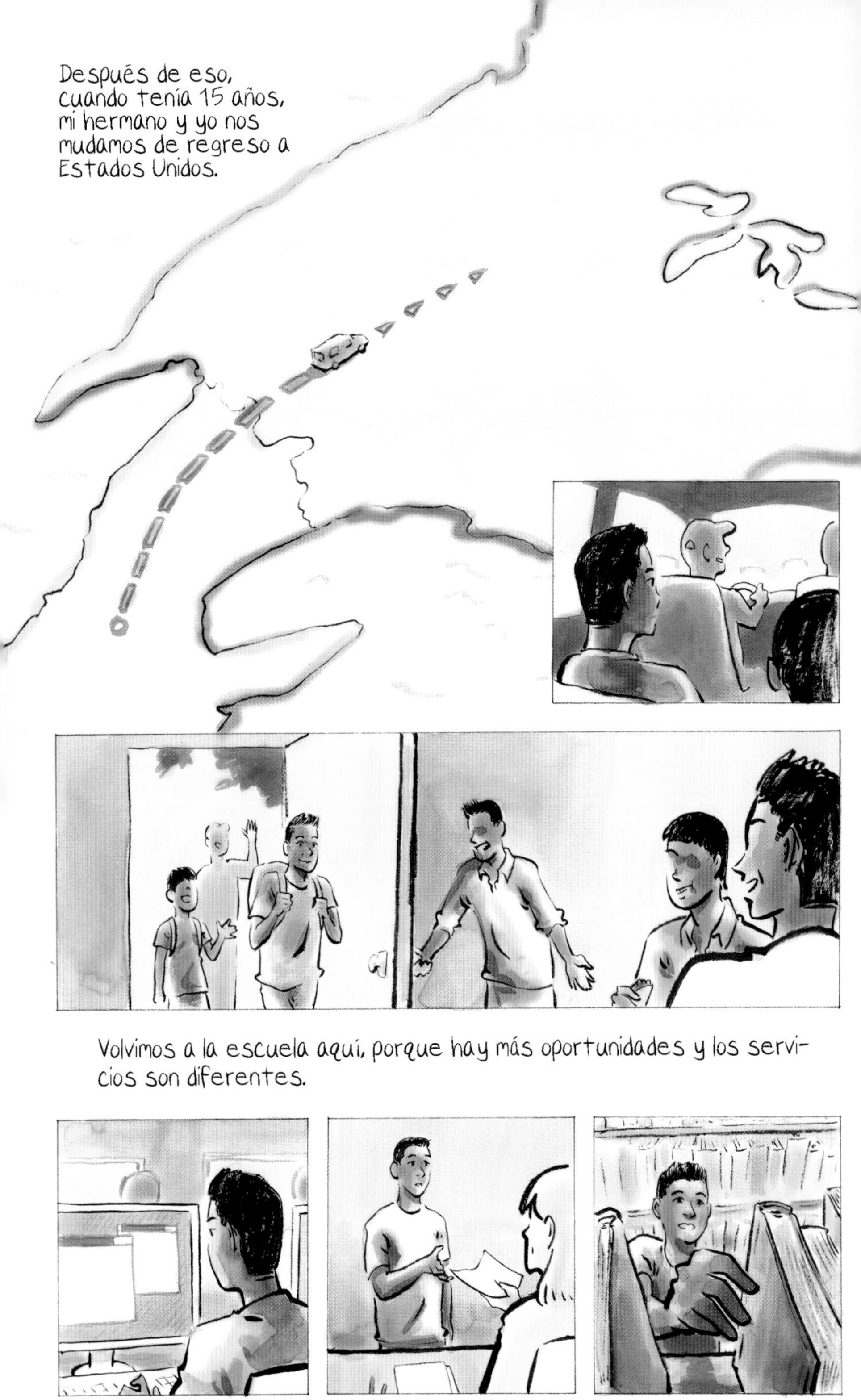

Después de eso,
cuando tenía 15 años,
mi hermano y yo nos
mudamos de regreso a
Estados Unidos.

Volvimos a la escuela aquí, porque hay más oportunidades y los servicios son diferentes.

Aquí en Estados Unidos, las personas son más creativas, emocionales y apoyan más.

Los maestros aquí te ayudan a establecer metas futuras y poder cumplirlas.

Incluso si no conoces cuáles son tus objetivos, te apoyan.

Mis maestros mexicanos eran más apáticos.

No pensaban que era importante lo yo que estaban haciendo.

Todavía sigo yendo a la escuela. Iba a graduarme, pero fui...

...a visitar a mi mamá en México. Mientras estuve allí...

...se lastimó la cadera.

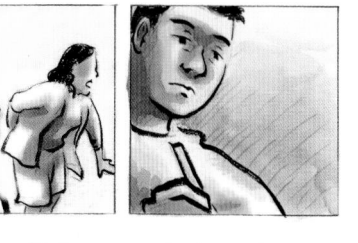

Me quedé para ayudarla, así que ahora estoy recuperando las clases que perdí.

Aquí en Estados Unidos he hecho amigos de nuevo, de muchas cultur-as y lugares diferentes: Ecuador, Puerto Rico, Colombia ...

Es más fácil hacer amigos aquí, ya sea en el trabajo o en la escuela.

Aquí, la actitud de las personas es distinta.

A mis amigos y a mí nos gusta pasar el rato y hacer música juntos.

Algún día también me gustaría hacer mi propia película.

Sobre todo, paso
tiempo con la familia.

Me gusta jugar
al fútbol y andar
en bicicleta con mi
hermano.

Me gusta ir a
lugares altos, donde
puedo ver la ciudad.

Estoy trabajando nuevamente, en una tienda de comestibles de Oriente Medio.

¡Es mucho más fácil, trabajar en un lugar con aire acondicionado!

Voy a la escuela y luego voy a trabajar, casi todos los días, desde la mañana hasta la noche.

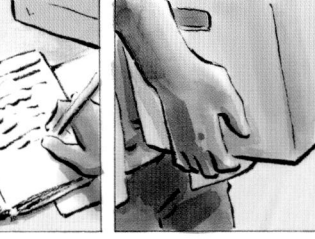

Sí, mi trabajo es ocupado.

Pero me acostumbré.

Un día, tal vez vaya a la universidad.

Por el momento, estoy enfocado en encontrar un mejor trabajo.

Tal vez seré bombero.

O tal vez abrir un camión de comida,

Me gusta cómo ayudan a las personas en emergencias.

para que no dependamos de otra persona para tener un sueldo.

De cualquier manera, tengo que ganar dinero para invertir en México y ayudar a mi familia.

Mi mamá y mi hermanita todavía están en México.

Quiero traerlas a Estados Unidos,

así que tengo que hacer lo mejor que pueda.

PREGUNTAS DE DISCUSIÓN

ENTENDIENDO LA HISTORIA...

Razonamiento Interno
1. ¿Dónde nació Daniel? ¿Cuál es su herencia?
2. ¿Cuántos años tenía Daniel cuando regresó a México?
3. Describa los trabajos que Daniel ha tenido.
4. ¿Qué le regaló su papá a Daniel por su cumpleaños número 14? ¿Para qué lo usó?

Razonando Más Allá
1. ¿Qué es un traidor? ¿Por qué los compañeros de la escuela de Daniel en México piensan que es un traidor? ¿Por qué Daniel los considera traidores?
2. ¿Cuál es la actitud de Daniel acerca de la familia? Da ejemplos que respalden tu respuesta.
3. ¿Qué crees que sucederá a continuación en la vida de Daniel? ¿Por qué crees eso?

Pensando en
1. Piensa en el título. ¿Qué significa pertenecer?
2. ¿Es Daniel admirable? ¿Por qué sí o por qué no?

... CUÁL ES TU HISTORIA STITCH.

1. Describe tu comida casera favorita.
2. Describe un momento en el que sentiste que pertenecías a un lugar, un grupo o a un ambiente. ¿Qué te hizo sentir así?
3. Describe un momento en el que sentiste que no pertenecías a un lugar, un grupo o a un ambiente. ¿Qué te hizo sentir así?

Obtén más información sobre *Story Stitch* en www.storystitch.org

CONCEPTOS IMPORTANTES

Reunificación Familiar
Como parte de la Ley de Inmigración y Nacionalidad de 1965, la reunificación familiar es el camino principal para la inmigración a los Estados Unidos. Según la ley, un ciudadano estadounidense, titular de la tarjeta verde (green card) o refugiado admitido en los últimos dos años puede solicitar que los miembros de la familia se unan a ellos en los Estados Unidos. Los ciudadanos estadounidenses pueden solicitar cónyuges e hijos, y si son mayores de 21 años, pueden solicitar padres y hermanos. Los titulares de la tarjeta verde (green card) y los refugiados pueden solicitar solo a sus cónyuges e hijos. La reunificación familiar a menudo se conoce negativamente como migración en cadena.

Retorno de Migrantes
A menudo también llamada migración inversa, el retorno de migrantes ocurre cuando una persona que ha migrado a los Estados Unidos regresa a su país de origen. El retorno puede ser voluntario o involuntario. De 2009 a 2014, más de 1 millón de mexicanos y sus familias, incluidos niños nacidos en Estados Unidos, regresaron a México. Esto es aproximadamente 130,000 más que aquellos que vinieron a los Estados Unidos durante el mismo período de tiempo. La mayoría de los retornos fueron voluntarios debido a la falta de oportunidades de trabajo en los Estados Unidos y el deseo de reunificarse con la familia. Esta tendencia se revirtió en 2014 cuando más mexicanos llegaron a los Estados Unidos de los que se fueron, sin embargo, en un número mucho menor que antes de 2009.

Remesas
Cuando un migrante envía dinero a su país, se le conoce como remesa. En todo el mundo, aproximadamente 1 de cada 9 personas recibe una remesa por parte de un miembro de la familia que ha migrado por trabajo. En promedio, un trabajador envía de $200 a $300 cada 1 o 2 meses. La mayoría de las remesas se utilizan para necesidades básicas como alimentos, vivienda, gastos médicos y cuotas escolares. Las remesas totales son más de tres veces mayores que la ayuda internacional y contribuyen significativamente a mejorar las condiciones en todo el mundo, particularmente en las zonas rurales. Para celebrar el impacto en las familias y las comunidades, las Naciones Unidas han identificado el 16 de junio como el Día Internacional de las Remesas Familiares.

PALABRAS PARA APRENDER

Voluntario: cuando algo se hace por elección

Involuntario: cuando algo es forzado o requerido sin elección

Remesas: dinero que un migrante envía a su familia que se encuentra en su país de origen

Reunificar: volver a estar juntos

RECURSOS ADICIONALES

PEW Research (por Ana González-Berrera): More Mexicans Leaving Than Coming to the U.S. (consultado en 2022). https://www.pewresearch.org/hispanic/2015/11/19/more-mexicans-leaving-than-coming-to-the-u-s/

Naciones Unidas, Departamento de Asuntos Económicos y Sociales: Remittances Matter: 8 Facts You Don't know About the Money Migrants Send Back Home (consultado en 2022). https://www.un.org/sw/desa/remittances-matter-8-facts-you-don't-know-about-money-migrants-send-back-home

GRACIAS

Este libro surgió como un proyecto de escritura de las escuelas secundarias Edison y Washburn de las escuelas públicas de Minneapolis. Agradecemos a los más de 50 creadores de contenido estudiantil de los maestros Tara Kennedy, Katie Murphy-Olsen, Billy Menz y Mary Dierkes, cuya dedicación a este proyecto durante la pandemia fue muy valorada. También nos gustaría agradecer: a los directores Eryn Warne y a la Dra. Emily Palmer; las maestras Emily Olson, Heidi Page; los profesores Michele Benegas (Hamline University), Karla Stone (UMN), Marlese Alden (Mankato State University) y a sus estudiantes. Este libro no sería posible sin nuestro increíble personal, junta directiva y patrocinadores de Green Card Voices: Minnesota Humanities Center, Minneapolis Foundation, Marbrook Foundation y los muchos seguidores de GCV en todo el país.

ACERCA DE GREEN CARD VOICES

Fundada en 2013, Green Card Voices (GCV) es una organización sin fines de lucro que utiliza la narración de historias para compartir narrativas personales de los inmigrantes de Estados Unidos, estableciendo una mejor comprensión entre el inmigrante y sus comunidades. Nuestra plataforma dinámica basada en video, colecciones de libros, exhibiciones, podcast y círculos de Story Stitch están diseñados para fortalecer a personas de diversos orígenes para adquirir perspectivas auténticas en primera persona sobre las vidas de los inmigrantes, incrementando la apreciación de la experiencia de los inmigrantes en Estados Unidos.

Green Card Voices nació de la idea de que la narrativa de los inmigrantes actuales debe comunicarse de una manera que sea fiel a la historia de cada uno. Buscamos ser una nueva lente para aquellos dentro del diálogo de inmigración y poder construir un puente entre inmigrantes y no inmigrantes, recién llegados y la comunidad de todo el país. Hacemos esto compartiendo las historias de inmigración de primera mano de estadounidenses nacidos en el extranjero, ayudando a otros a ver la "ola de inmigrantes" como individuos, con historias interesantes de familia, arduo trabajo y diversidad cultural.

Hasta la fecha, el equipo de Green Card Voices ha registrado las historias de vida de más de cuatrocientos cincuenta inmigrantes provenientes de más de ciento treinta países diferentes. A todos los inmigrantes que deciden compartir su historia con GCV se les hacen seis preguntas abiertas. Además, se les pide que compartan fotos personales de su vida en su país de nacimiento y en los Estados Unidos. Las narraciones de video se editan a videos de cinco minutos llenos de fotografías personales, introducción, conclusión, subtítulos y música de fondo. Estas historias en video están disponibles en www.greencardvoices.org y YouTube (son completamente gratis y no contienen anuncios).

Green Card Voices
2611 1st Ave S.
Minneapolis, MN 55408

612.889.7635
info@greencardvoices.org
www.greencardvoices.org